essentials

essentials liefern aktuelles Wissen in konzentrierter Form. Die Essenz dessen, worauf es als „State-of-the-Art" in der gegenwärtigen Fachdiskussion oder in der Praxis ankommt. *essentials* informieren schnell, unkompliziert und verständlich

- als Einführung in ein aktuelles Thema aus Ihrem Fachgebiet
- als Einstieg in ein für Sie noch unbekanntes Themenfeld
- als Einblick, um zum Thema mitreden zu können

Die Bücher in elektronischer und gedruckter Form bringen das Expertenwissen von Springer-Fachautoren kompakt zur Darstellung. Sie sind besonders für die Nutzung als eBook auf Tablet-PCs, eBook-Readern und Smartphones geeignet. *essentials:* Wissensbausteine aus den Wirtschafts-, Sozial- und Geisteswissenschaften, aus Technik und Naturwissenschaften sowie aus Medizin, Psychologie und Gesundheitsberufen. Von renommierten Autoren aller Springer-Verlagsmarken.

Weitere Bände in dieser Reihe http://www.springer.com/series/13088

Wolfgang Griepentrog
Manfred Piwinger

Due Diligence in der Unternehmenskommunikation

Mit den richtigen Fragen zum Kommunikationserfolg

Dr. Wolfgang Griepentrog
Leichlingen, Deutschland

Manfred Piwinger
Wuppertal, Deutschland

OnlinePlus Material zu diesem Buch finden Sie auf
http://www.springer.com/978-3-658-15896-5

ISSN 2197-6708
essentials
ISBN 978-3-658-15895-8
DOI 10.1007/978-3-658-15896-5

ISSN 2197-6716   (electronic)

ISBN 978-3-658-15896-5   (eBook)

Die Deutsche Nationalbibliothek verzeichnet diese Publikation in der Deutschen Nationalbibliografie; detaillierte bibliografische Daten sind im Internet über http://dnb.d-nb.de abrufbar.

Springer Gabler
© Springer Fachmedien Wiesbaden GmbH 2017

Gedruckt auf säurefreiem und chlorfrei gebleichtem Papier

Springer Gabler ist Teil von Springer Nature
Die eingetragene Gesellschaft ist Springer Fachmedien Wiesbaden GmbH
Die Anschrift der Gesellschaft ist: Abraham-Lincoln-Str. 46, 65189 Wiesbaden, Germany

Was Sie in diesem *essential* finden können

- Welche Bedeutung und welchen Nutzen hat die kommunikationsbezogene Due Diligence und aus welchen Anlässen wird ein Review der Kommunikation durchgeführt?
- Welche Kriterien werden entlang den definierten Prüfbausteinen hinterfragt und welche Qualitätsmerkmale sind dabei zu berücksichtigen?
- Wie führt man die Due Diligence in der Kommunikation selbst durch?
- Welche Fragen werden in den zehn Prüfbausteinen der Due Diligence bearbeitet?
- Wie hilft Ihnen dieses *essential* bei der Kommunikationsarbeit?

Vorwort

Wenn Du eine weise Antwort verlangst, musst Du vernünftig fragen (Johann Wolfgang von Goethe)

Erfolgreiche Unternehmenskommunikation beginnt mit den richtigen Fragen. Auf sie kommt es an, um die Leistungsfähigkeit der Kommunikation richtig einschätzen zu können. Nur wer die Stärken, Schwächen, Chancen und Risiken des eigenen Auftritts genau kennt, kann den Kurs für die Kommunikation festlegen und unternehmensintern glaubwürdig vermitteln. Um welche Aspekte geht es dabei? Wie kann man Qualitätsaspekte und Effizienzpotenziale im Sinne einer ganzheitlichen Betrachtung in die Planungsprozesse der Kommunikation einbeziehen und damit deren Wertbeitrag zum Unternehmenserfolg steigern? Die hierzu notwendigen Fragen sind Gegenstand dieses *essentials*. Sie ermöglichen eine gründliche Standortbestimmung bei der jährlichen Planung der Unternehmens- und Finanzkommunikation, aber auch bei der Neuausrichtung nach einem Wechsel des Top-Managements, der Kommunikationsleitung oder auch bei Änderungen der Unternehmensstrukturen.

In der Hektik des Unternehmensalltags fehlt oft die Zeit, um über die Leistungsfähigkeit der Kommunikation und über mögliche oder notwendige Verbesserungen nachzudenken. Bis jetzt gab es kein allen Anforderungen gerecht werdendes, allgemein anerkanntes und genutztes Verfahren, das die notwendige Standortbestimmung ermöglicht. Deswegen bieten wir jetzt mit der „Due Diligence in der Unternehmenskommunikation" Top-Managern, Kommunikationsverantwortlichen, aber auch Controllern ein neues Arbeitsinstrument, das die notwendige Transparenz schafft, dabei aber mit einem überschaubaren Aufwand verbunden ist. Die Due Diligence ist ein systematisches Prüfverfahren, das mit insgesamt zehn Prüfbausteinen alle wichtigen Bereiche der Kommunikation berücksichtigt und eine qualitative Gesamtbetrachtung aus unternehmerischer, betriebswirtschaftlicher und finanzwirtschaftlicher Perspektive nach festgelegten Kriterien ermöglicht. Unser Ziel war es, das Verfahren so einfach, aber auch so aussagekräftig wie möglich zu gestalten. Es soll eine zwar grobe, aber sichere 360°-Betrachtung der eigenen Kommunikation ermöglichen. Wir haben deshalb einen ursprünglich für eine umfassendere Kommunikationsanalyse konzipierten Fragenkatalog zu einem leicht handhabbaren Selbstaudit umgestaltet (wer das Basismaterial für eine vertiefte Analyse nutzen möchte, kann dies unter www. springer.de/978-3-658-15896-5 „Zusätzliche Informationen" abrufen).

Sinn der Due Diligence ist die strukturierte Reflexion und Bewertung der Kommunikation. Mancher mag sich vorerst damit begnügen, die Fragen nur zu lesen und darüber in Ruhe nachzudenken. Auch das kann die Qualität beflügeln. In diesem Sinne möchten wir Sie ermuntern: Nutzen Sie die Fragen und die Kriterien dieses neuen Prüfverfahrens als Impulse für gute Kommunikation!

Leichlingen, Deutschland   Dr. Wolfgang Griepentrog
Wuppertal, Deutschland   Manfred Piwinger

Inhaltsverzeichnis

Einleitung

1

1.1 Was ist die Due Diligence in der Unternehmenskommunikation?

Die Kommunikationsgesellschaft verändert sich in atemberaubendem Tempo. Damit steigen auch die Anforderungen, die an eine wirkungsvolle und effiziente Unternehmens- und Finanzkommunikation gestellt werden. Sie muss heute viel mehr leisten als früher. Strukturen, Prozesse und Interessen von Unternehmen ändern sich durch die Globalisierung und durch neue Technologien tief greifend, es gibt neue Formen der Meinungsbildung, all dies birgt für die Kommunikation Risiken, aber auch neue Chancen zur Profilierung. Diese Herausforderungen müssen mit tendenziell knapperen Ressourcen bewältigt werden. Nur die definierten Ziele zu erreichen, ist auch im Kommunikationsmanagement heute nicht mehr genug. Vielmehr gilt es, mit immer wieder neuen Strategien und Kommunikationsmaßnahmen Akzente zu setzen. Das setzt die kritische Reflexion und eine sichere Einschätzung des eigenen Kommunikationsverhaltens und der eigenen Fähigkeiten voraus.

Due Diligence in der Kommunikation ist ein mit geringem Aufwand umsetzbares, systematisches Prüfverfahren, mit dessen Hilfe Status und Leistungsfähigkeit der Unternehmenskommunikation beschrieben und bewertet werden können. Es zeigt entlang einem strukturierten Fragenraster und definierten Bewertungskriterien auf, was die Kommunikation eines Unternehmens aktuell leistet, was sie mit Blick auf die Erwartungen der internen und externen Stakeholder leisten muss und ob die Ressourcen entsprechend sinnvoll verteilt sind. Dazu werden zu mehr als hundert Fragen in insgesamt zehn Prüfbausteinen Einschätzungen vorgenommen. Die Due Diligence wird mit den hier angebotenen Modulen als Selbstaudit

© Springer Fachmedien Wiesbaden GmbH 2017
W. Griepentrog und M. Piwinger, *Due Diligence in der Unternehmenskommunikation,*
essentials, DOI 10.1007/978-3-658-15896-5_1

umgesetzt. Das Ergebnis ist eine 360°-Betrachtung der aktuellen Kommunikation im Sinne einer Qualitätseinschätzung.

Eine darauf aufbauende, noch umfassendere Analyse könnte beispielsweise im Rahmen eines professionell moderierten Workshops durchgeführt werden (siehe hierzu die Basisfragen unter „Zusätzliche Informationen"). Sie würde zu einer noch differenzierteren SWOT-Betrachtung (Stärken/Schwächen/Chancen/Risiken-Betrachtung) führen, aus der weitere Erkenntnisse und Empfehlungen abgeleitet werden könnten.

Die Gesamteinschätzung des Kommunikationsprofils aus Stärken, Schwächen, Chancen und Risiken stellt eine solide Basis dar, um Leistungsindikatoren („KPI") festzulegen oder anzupassen, Handlungsfelder der Kommunikation zu konkretisieren und die einzelnen Maßnahmen systematisch zu planen. Bisher gab es hierfür kein standardisiertes und allgemein in der Kommunikationsbranche anerkanntes Prüfverfahren. „Due Diligence in der Unternehmenskommunikation" schließt diese Lücke. Da Kommunikation komplex ist und je nach Unternehmen möglicherweise andere Schwerpunkte und Qualitätsmerkmale im Vordergrund stehen, wurde das Verfahren modular aufgebaut. So bietet es genügend Flexibilität, um unternehmensspezifische Aspekte bei Bedarf zu vertiefen, trotzdem aber stets alle relevanten Felder des internen und externen Auftritts im Blick zu behalten.

1.2 Bedeutung der kommunikationsbezogenen Due Diligence: Kommunikationsqualität auf dem Prüfstand

In allen Bereichen steigt der Effizienzdruck. Das bekommen Unternehmen und Manager auch in der Kommunikation zu spüren. Immer öfter wird hinterfragt, ob Kommunikationsleistungen strategisch sinnvoll sind und die beabsichtigte Wirkung erzielen, aber auch die wirtschaftlich effiziente Umsetzung wird angesichts knapper Ressourcen kritisch hinterfragt. Es setzt sich zunehmend die Erkenntnis durch, wie sehr die Qualität der Kommunikation den Unternehmenserfolg und damit den Unternehmenswert beeinflusst. Dabei wird die Qualität der Kommunikation auch immer mehr zu einem Schlüsselsignal für die Zuschreibung von Managementkompetenz.

Angesichts immer neuer Herausforderungen reicht es aber nicht, nur eine hohe Kommunikationsqualität sicherzustellen, sie muss kontinuierlich gesteigert und die Kommunikation weiterentwickelt werden. Das setzt eine solide Planung zwingend voraus, und hierzu leistet die Due Diligence in der Kommunikation einen wichtigen Beitrag. Sie schafft die Grundlage für Entscheidungen im Rahmen der Kommunikationsplanung, regt aber durch die ganzheitliche Betrachtung auch generell zum Qualitätsdenken und zur systematischen Qualitätssteigerung an. Sie macht es leicht, alle relevanten Aspekte im Blick zu behalten.

Trotz der herausragenden Bedeutung guter Kommunikation für den Geschäftserfolg mangelt es oft an der Zeit und auch an den notwendigen Impulsen, um Optimierungspotenziale zu erkennen und umzusetzen. Zudem fällt es vielen Managern schwer, den tatsächlichen Wertbeitrag moderner Unternehmenskommunikation auch intern nachvollziehbar darzustellen und den Kurs der Kommunikation gut zu begründen. Rein quantitative Faktoren genügen als möglicher Erfolgsindikator nicht. Erforderlich ist vielmehr ein 360°-Überblick über den aktuellen Zustand der Unternehmenskommunikation und deren Potenziale. In diesem Sinne schafft die Due Diligence eine in vielfältiger Weise aussagekräftige Entscheidungsgrundlage für strategische, operative und infrastrukturelle Optimierungen – von einzelnen Kommunikationsprojekten und -Maßnahmen bis hin zu den erforderlichen Rahmenbedingungen.

Kurz gesagt, bietet die kommunikationsbezogene Due Diligence folgende Vorteile:

- Sie schafft mehr Transparenz über die Stärken und Schwächen des Kommunikationsprofils.
- Sie macht Widersprüche im Kommunikationsauftritt und mögliche Fehleinschätzungen von Situationen durch Kommunikationsverantwortliche deutlich.
- Sie bietet eine umfassende, ganzheitliche Bewertung des aktuellen Status der Kommunikation und ermöglicht die bessere Einschätzung von deren Leistungsfähigkeit.
- Sie erleichtert das Festlegen von Erfolgsindikatoren bzw. KPI und fördert die Implementierung eines Kommunikationscontrollings.
- Sie ist praxisorientiert und führt zu konkreten Handlungsempfehlungen für Verbesserungen bzw. für relevante Weichenstellungen.
- Sie zeigt Wertschaffungspotenzial auf und verweist zugleich auf mögliche Gefahrenpunkte bezogen auf eine denkbare Reputationsbeschädigung.

Der besondere Wert liegt in der Verbindung der richtigen Fragen mit festgelegten Bewertungskriterien. Dadurch wird die qualitative Gesamtbetrachtung in einen Wettbewerbszusammenhang gestellt, und es ist leichter, das aktuelle und das angestrebte Kommunikationsprofil im Vergleich zu anderen Playern im Markt zu bewerten. Weitere Analysen, beispielsweise Reputationsmessungen, Erhebungen zur Markenwahrnehmung oder quantitative Outputmessungen können in die Due Diligence einbezogen werden.

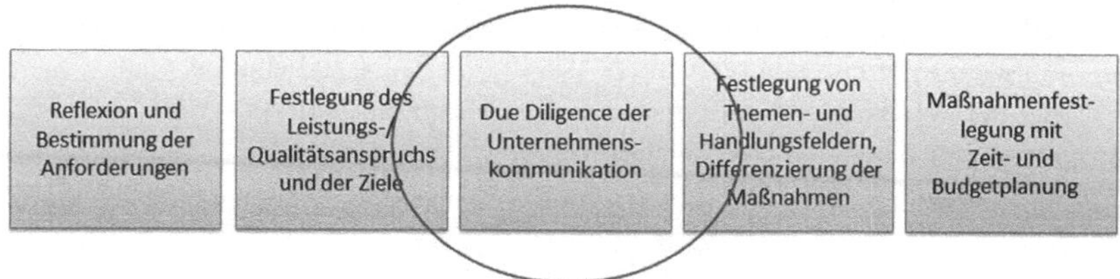

Abb. 1.1 Bedeutung der Due Diligence im Planungsprozess

Due Diligence hat als eine von fünf Stufen einen festen Platz im üblichen Prozess der Kommunikationsjahresplanung (vgl. Abb. 1.1): Im Vorfeld sollten die spezifischen Anforderungen, die an die Kommunikation des Unternehmens zu stellen sind, definiert werden. Sie machen den Leistungs- und Qualitätsanspruch der Kommunikation deutlich, aus dem die strategischen und operativen Kommunikationsziele des Unternehmens abgeleitet werden. Diese werden gegebenenfalls nach der umfassenden Standortbestimmung im Rahmen der Due Diligence angepasst oder neu justiert. Nachdem dann die aktuellen Stärken, Schwächen, Chancen und Risiken der Kommunikation einer Bewertung unterzogen wurden, können die zum Erreichen der Ziele relevanten Themen- und Handlungsfelder festgelegt und priorisiert werden. Danach kann man die einzelnen Maßnahmen im Detail planen.

1.3 Anlass und Timing der Due Diligence: Wann ist ein Review der Kommunikation zu empfehlen?

Der Wert einer regelmäßigen kommunikativen Standortbestimmung, beispielsweise im Rahmen der jährlichen Kommunikationsplanung oder bei Bedarf in kürzeren Abständen sollte also nicht unterschätzt werden. Weichenstellungen für das künftige Kommunikationsgeschehen können auf diese Weise gut begründet und mit der gebotenen unternehmensinternen Transparenz vorgenommen werden. Den Vorwurf der Beliebigkeit wird man im Kommunikationsmanagement dann nicht mehr hören.

Darüber hinaus gibt es vier typische Anlässe, bei denen es sich empfiehlt, das gesamte Kommunikationsgeschehen einer gründlichen Prüfung und Betrachtung zu unterziehen.

1. **Die Effizienz des Kommunikationsmanagements soll unternehmensweit oder in einem bestimmten Unternehmensbereich verbessert beziehungsweise die Kommunikation neu aufgestellt werden.**

   Das kann grundsätzlich der Fall sein, wenn die Kommunikationsleistungen zum Beispiel nicht die erwünschte Wirkung bringen oder wenn einige von ihnen zwar erfolgreich sind, aber insgesamt nicht erkennbar zum Marken- und Geschäftserfolg beitragen. Auch wenn die Kommunikation zwar effektiv ist, aber nicht wirtschaftlich effizient gestaltet wird oder wenn bestehende Strukturen und Abläufe nicht hundertprozentig zu den Anforderungen passen, wird der Ruf nach Verbesserungen laut. Organisation, Struktur, Einfluss, Wirksamkeit sämtlicher Kommunikationsfunktionen und -leistungen werden in diesem Fall einer Kosten-/Nutzenprüfung unterzogen, um eine verlässliche Basis für die notwendigen Korrekturen zu bekommen.

2. **Die Funktion „Unternehmens-/Finanzkommunikation" wird (durch einen Chief Communications Officer) neu besetzt.**

   Der oder die Neue möchte sich in der Regel sehr rasch ein Bild davon machen, wie die Kommunikation aufgestellt ist, um sie daraufhin nach eigenen Vorstellungen zu organisieren, zu prägen oder neu auszurichten. Hier gilt es zunächst, sich in einem ersten Schritt einen Überblick über vorhandene Organisationsstrukturen, Zuständigkeiten und die vorhandene personelle und finanzielle Ausstattung zu verschaffen. Je besser die Einschätzung des Status quo im Kommunikationsbereich und seines Potenzials in dieser Situation ist, desto leichter fällt es, den notwendigen Handlungsspielraum für die eigenen Vorstellungen zu schaffen.

3. **Personelle Veränderungen auf Leitungsebene führen zu einer Neubewertung der Kommunikation.**

   Vor allem nach einem Wechsel des Vorstandsvorsitzenden (CEO) kommt es oft zu einer umfassenden Bewertung der Kommunikationssituation und der Optionen. Schließlich ist die Kommunikation nicht nur ein wesentliches Instrument, sondern wird auch als Ausdruck des Managements (in Bezug auf Stil und Inhalte) betrachtet und gerade bei Amtsantritt eines neuen Top-Managers aufmerksam beobachtet. Als Grundlage für mögliche Korrekturen des Kommunikationskurses bietet die Due Diligence beim Amtsantritt eines neuen Top-Managers die notwendigen Informationen.

4. **Im Fall einer Unternehmensübernahme oder Fusion.**

   Immer dann, wenn es um die erfolgreiche Integration von Unternehmensstrukturen geht, wie etwa bei Fusionen, hilft die Due Diligence dabei, einzuschätzen, welche kulturellen und unternehmenspolitischen Koordinaten zu berücksichtigen sind und welcher Aufwand dafür zu leisten ist. Mit Blick auf die erfahrungsgemäß hohe Flopquote bei solchen Prozessen hängt viel davon ab, schon frühzeitig einen guten Überblick zu haben, nach welchen Kriterien die interne und externe Kommunikation des jeweils anderen Unternehmens organisiert ist und inwieweit dies eigenen Maßstäben und kulturellen Bedingungen entspricht. Das richtige Integrationskonzept hilft bei Unternehmensakquisitionen, Konflikte und Misserfolge zu vermeiden. Die Kommunikation ist hierbei entscheidend. Besonders bei der Akquisition von Unternehmen in einer anderen Größenordnung, aus einer anderen Branche oder von ausländischen Unternehmen ist die Gefahr einer Kulturkrise besonders hoch. Mit der Due Diligence kann man sich darauf vorbereiten.

Modularer Aufbau und Bewertung 2

2.1 Zehn Prüfbausteine ermöglichen eine Einschätzung der Unternehmenskommunikation nach festgelegten Kriterien

Das Verfahren besteht aus insgesamt zehn Modulen (Prüfbausteinen), die entlang der nachfolgend dargestellten Struktur analysiert und bewertet werden. Dabei sollten möglichst alle betrachteten Dimensionen in die Gesamteinschätzung einfließen, aber es ist möglich und sinnvoll, einzelne Bausteine dem unternehmensspezifischen Kontext und den individuellen Anforderungen anzupassen – beispielsweise auf besondere Stakeholderbedürfnisse auszurichten. Dies sollte vor der Analyse festgelegt werden.

Prüfbaustein 1: Kommunikationsfähigkeit der handelnden Personen
Prüfbaustein 2: Infrastruktur der Unternehmenskommunikation
Prüfbaustein 3: Voraussetzungen der Unternehmenskommunikation
Prüfbaustein 4: Stimmigkeit von Unternehmenskommunikation, Unternehmensmarke und Identity Management
Prüfbaustein 5: Kommunikationsziele und Kommunikationsstrategien
Prüfbaustein 6: Kommunikationsplanung und Kommunikationscontrolling
Prüfbaustein 7: Kommunikationschancen und Kommunikationsrisiken
Prüfbaustein 8: Stakeholderkommunikation und Stakeholdermanagement intern/extern
Prüfbaustein 9: Stil und inhaltliche Qualität der Kommunikation
Prüfbaustein 10: Resilienz – Robustheit in kritischen Situationen

Die Anzahl und der Umfang der Fragen ist in den einzelnen Prüfbausteinen unterschiedlich. Manche lassen sich rasch beantworten, andere sind komplexer und

© Springer Fachmedien Wiesbaden GmbH 2017
W. Griepentrog und M. Piwinger, *Due Diligence in der Unternehmenskommunikation,*
essentials, DOI 10.1007/978-3-658-15896-5_2

erfordern die Abwägung unterschiedlicher Aspekte. Dies entspricht jedoch exakt den Anforderungen in der Kommunikationspraxis, in der einzelne Entscheidungen oft nach Abwägung und Zusammenbetrachtung vieler komplexer Aspekte getroffen werden. Ziel der Due Diligence als Selbstaudit ist es, bei jeder Frage in jedem Prüfbaustein zu einer pauschalen Beurteilung des Reifegrads zu gelangen. Gemäß dem vorgeschlagenen Raster ist jeweils einzuschätzen, ob die Kommunikation des Unternehmens „exzellent", „gut, aber optimierbar" oder „negativ bzw. unbefriedigend" ist.

Eine vertiefende Analyse würde über die Einschätzung des Reifegrads hinaus noch zu einer genaueren qualitativen Bewertung des Kommunikationsprofils führen.

Die Fragen und Prüfbausteine stellen die Struktur der Due Diligence dar. Für jede Art der qualitativen Beurteilung (wie sie die Einschätzung des Reifegrads darstellt) ist jedoch nicht nur der Inhalt der Fragen entscheidend, sondern auch eine klar definierte, einheitliche Bewertungsgrundlage. Hierfür schlagen wir bestimmte Qualitätsmerkmale vor, an denen sich die Bewertung orientieren kann und sollte.

2.2 Fünf zentrale Qualitätsmerkmale (Bewertungskriterien)

Bei den für die Due Diligence relevanten Qualitätsmerkmalen, die der Bewertung zugrunde gelegt werden sollten, handelt es sich um fünf zentrale Profilmerkmale, die nach allgemeiner Auffassung eine moderne und leistungsfähige Unternehmenskommunikation ausmachen. Diese Qualitätsmerkmale sollten in allen Bereichen der Kommunikation so weit wie möglich etabliert sein, auch wenn sie bei einigen Fragen nur indirekt einzuschätzen oder schon in der Fragestellung enthalten sind.

1. **Bedarfs- und Stakeholderorientierung**
   Eine konsequente Ausrichtung von Kommunikationsleistungen am Bedarf der internen und externen Stakeholder ist angesichts der komplexen Anforderungen des täglichen Kommunikationsgeschäfts keineswegs selbstverständlich. Sie setzt eine regelmäßig angepasste Bedarfsanalyse und die kontinuierliche Beobachtung der Stakeholdererwartungen voraus. Manch einer scheut den dafür notwendigen Aufwand. Aber wenn sich Kommunikation nicht am Bedarf orientiert, läuft sie ins Leere. Entsprechende Investitionen zahlen sich dann nicht aus.

2. **Innovationsstärke bzw. Modernität**

   Modernität und Innovationsstärke sind ebenfalls wichtige und oft unterschätzte Qualitätsaspekte. Kommunikation muss dauerhaft attraktiv sein und veränderten Anforderungen der digitalen Gesellschaft gerecht werden, aber sie muss auch zu Wachstum und Innovation beitragen. Manchmal erfordert es Mut, moderne, ungewohnte Formen der Ansprache durchzusetzen, aber es geht auch darum, in wichtigen Themen- und Handlungsfeldern immer wieder neue spannende, profilrelevante Aspekte zu identifizieren und für die Kommunikation zu nutzen.

3. **Wirkung und Effizienz**

   Wirkung und Effizienz sind zwei wesentliche Indikatoren für die Leistungsfähigkeit der Kommunikation. Aber längst nicht überall werden sie systematisch und regelmäßig hinterfragt. Sie sollten als Standard-Prüfkriterien betrachtet werden. Soweit es nicht um Maßnahmen oder Prozesse geht, sondern um Menschen und Rollen in der Kommunikation, sollte man diese Qualitätsmerkmale als „auf Wirkung und Effizienz ausgerichtet" oder als „sensibel für Wirkung und Effizienz von Kommunikation" verstehen.

4. **Chancen- und Risikoorientierung**

   „Alle Kommunikation ist riskant", hat Niklas Luhmann geschrieben. Chancen und Risiken werden zwar in einem eigenen Prüfbaustein hinterfragt. Die Fragen dort richten den Blick aber eher auf profil- und reputationswirksame Chancen und Risiken. Grundsätzlich ist es jedoch in allen Bereichen der Kommunikation wichtig, Chancen und Risiken zu erkennen, beispielsweise auch die der Infrastruktur. Davon hängen die Leistungsfähigkeit, die Entwicklungsfähigkeit und die Resilienz in besonderem Maße ab. Deswegen empfehlen wir, die Chancen- und Risikoorientierung als übergeordnetes Qualitätskriterium zu berücksichtigen.

5. **Offenheit und Transparenz („Kommunikationsaffinität" oder „kommunikationsfördernd" im besten Sinne).**

   In allen Unternehmen gibt es kommunikationsfördernde und kommunikationshemmende Tendenzen. Zudem sind Menschen in Kommunikationsverantwortung oder mit definierten Kommunikationsfunktionen keineswegs grundsätzlich offen oder „kommunikationsaffin", wie man annehmen könnte. Daher empfehlen wir, auch das Kriterium der Kommunikationsaffinität in die kritische Beurteilung einzubeziehen. Soweit es nicht um Menschen geht, sondern Aspekte oder Prozesse der Kommunikation geprüft werden, sollte man das Kriterium im Sinne von „kommunikationsförderlich" bzw. „kommunikationshemmend" verstehen.

Anleitung zur Umsetzung der Due Diligence 3

Betrachten Sie die Due Diligence als systematischen Arbeitsprozess. Nehmen Sie sich Zeit und versuchen Sie jede Fragen so zu bearbeiten, dass Sie nach bestem Wissen zu einer sicheren und gut begründbaren Einschätzung gelangen.

Entsprechend tragen Sie dann bei jeder Frage die zu Ihrer persönlichen Einschätzung passende Punktzahl nach folgendem Bewertungsraster ein:

- Reifegrad-Bewertung als „exzellent": 10 Punkte
- Reifegrad-Bewertung als „gut, aber optimierbar": 5 Punkte
- Reifegrad-Bewertung als „negativ bzw. unbefriedigend": 0 Punkte

Am Ende jedes Prüfbausteins summieren Sie die Punkte und halten Sie das jeweilige Zwischenergebnis fest.

Hier die Spielregeln zur Bearbeitung der Fragen im Überblick:

1. Nehmen Sie für alle Fragen in allen Prüfbausteinen eine Bewertung vor.
2. Mit der Beantwortung der Fragen bzw. Ihrer Einschätzung bewerten Sie den individuellen Reifegrad eines Kommunikationsaspekts in Ihrem Unternehmen. Sie bewerten also, wie gut ein Aspekt in der Praxis erfüllt wird. Einige Aspekte sind bewusst komplexer formuliert. Ziel ist es, jeweils zu einer pauschalen Einschätzung unter Berücksichtigung aller Detailaspekte zu gelangen.
3. Berücksichtigen Sie neben eigenen Einschätzungen auch die verfügbaren Einschätzungen Ihrer Kollegen, Ihrer Mitarbeiter oder als Ergänzung die von externen Partnern. Das verstärkt die Aussagekraft der Due Diligence.
4. Vergeben Sie je Frage stets nur 10, 5 oder 0 Punkte. Unabhängig von der systematischen Bewertung nach Punkten können Sie natürlich bei für Sie besonders wichtigen Aspekten die qualitative Analyse vertiefen. Der Wert der Due Diligence besteht ja gerade darin, Lücken oder Verbesserungsmöglichkeiten

© Springer Fachmedien Wiesbaden GmbH 2017 11
W. Griepentrog und M. Piwinger, *Due Diligence in der Unternehmenskommunikation,*
essentials, DOI 10.1007/978-3-658-15896-5_3

im Kommunikationsmanagement zu erkennen. Daher wird man nach dem Selbstaudit die entsprechenden Stellen nacharbeiten.

5. Notieren Sie zur Einschätzung jedes Aspekts in Stichworten eine kurze Begründung. Durch die schriftliche Festlegung auf eine Begründung gewinnt die Due Diligence an Verbindlichkeit.

6. Summieren Sie die Teilergebnisse je Prüfbaustein und tragen Sie sie am Ende in der Tabelle für das Gesamtergebnis ein. Dieses Gesamtbild zeigt dann die Leistungsfähigkeit Ihrer Kommunikation auf einen Blick.

Auf Basis der abschließenden Gesamteinschätzung können Sie individuell Ihre Konsequenzen für die Kommunikationsarbeit ableiten. Die Ergebnistabelle kann auch dazu genutzt werden, den aktuellen Leistungsstand der Kommunikation in Präsentationen und Planungsunterlagen zu dokumentieren.

Prüfbausteine

4

4.1 Prüfbaustein 1: Kommunikationsfähigkeit der handelnden Personen

Unternehmenskommunikation lebt von den handelnden Personen. Die Kommunikationsfähigkeit und -qualität eines Unternehmens hängt daher in hohem Maße von persönlichen Kommunikationskompetenzen ab. Im ersten Prüfbaustein wird die Kommunikationskompetenz und Kommunikationsfähigkeit der für den (internen und externen) Unternehmensauftritt relevanten Akteure eingeschätzt. Damit ist in erster Linie das Kommunikationsteam gemeint, aber der Fragekomplex betrifft generell alle Führungskräfte und Personen mit einer definierten Kommunikationsrolle.

Die herausragende Bedeutung der Personen an der Unternehmensspitze für die Kommunikation (wie des CEO und des CFO) wird bewusst nicht in einer eigenen Frage abgedeckt, sondern sollte als Teil des Gesamtbilds berücksichtigt werden. Dabei sollte man auch das im Idealfall enge, partnerschaftliche Verhältnis zwischen Top-Management und leitenden Kommunikationsmanagern in die Beurteilungen einbeziehen.

Zu berücksichtigen sind neben den individuellen Fähigkeiten der Akteure auch deren Zusammenspiel und ihr Beziehungsgefüge. Dabei sollte auch stets hinterfragt werden, ob den verantwortlichen Mitarbeitern die notwendigen Freiräume eingeräumt werden.

© Springer Fachmedien Wiesbaden GmbH 2017
W. Griepentrog und M. Piwinger, *Due Diligence in der Unternehmenskommunikation,*
essentials, DOI 10.1007/978-3-658-15896-5_4

Bitte bewerten Sie nach folgendem Raster
„exzellent" = 10 Punkte
„gut, aber optimierbar" = 5 Punkte
„negativ bzw. unbefriedigend" = 0 Punkte

		Stichworte zum Status quo	Ihre Bewertung 10 Pt / 5 Pt / 0 Pt
❶	Es gibt klar zugeordnete Kompetenzen bzw. einen „Code of Communications", an dem sich sämtliche Personen mit Kommunikationsfunktionen orientieren. Intern ist geklärt, welchen Wertbeitrag zum Unternehmenserfolg Information und Kommunikation generell leisten. Das Zusammenspiel aller Akteure funktioniert gut.		
❷	Die Profile und Kompetenzen der Personen mit Kommunikationsfunktionen, insbesondere der Mitarbeiter im Kommunikationsteam, passen in fachlicher und persönlicher Hinsicht zu den jeweiligen Anforderungen. Die Kommunikationsfähigkeit und Offenheit für kommunikative Belange bei relevanten Personen innerhalb und außerhalb des Kommunikationsmanagements ist ausgeprägt.		
❸	Die strategische und konzeptionelle Kompetenz im Kommunikationsteam ist hoch. Die Mitarbeiter mit Kommunikationsauftrag werden ihrer Vorbildrolle als interne/externe Multiplikatoren gerecht.		
❹	Die Unternehmenskommunikation ist intern gut positioniert. Sie wird inanderen Unternehmensbereichen als Business-Partner gesehen und ihre Unterstützung genutzt.		
❺	Schulungen und persönliche Weiterentwicklung von Führungskräften und Mitarbeitern mit Kommunikationsauftrag (insbesondere im Kommunikationsteam) werden gefördert.		
❻	Leistungsbereitschaft und Commitment im Kommunikationsteam sind hoch.		
❼	Der „Team-Spirit" in der Unternehmenskommunikation ist spürbar.		
❽	Die Innovationskompetenz im Kommunikationsteam (z.B. Entwicklung neuer, umsetzungsstarker Kommunikationslösungen) ist ausgeprägt.		
❾	Die Umsetzungsqualität im Kommunikationsteam sowie in anderen Teams mit Kommunikationsfunktion in puncto Zeit, Kosten und Qualität ist gut.		
❿	Führungskräfte und Mitarbeiter werden zum Engagement in den Sozialen Netzwerken motiviert. Dazu gibt es Leitfäden oder Regelungen.		
⓫	Alle Mitarbeiter haben die notwendigen Freiräume, um selbstverantwortlich ihre Arbeit zu tun.		
			Summe _______

Gesamtergebnis des Prüfbausteins
110 Punkte= **„exzellent"**
55-105 Punkte= **„gut, aber optimierbar"**
0-50 Punkte = **„negativ bzw. unbefriedigend"**

4.2   Prüfbaustein 2: Infrastruktur der Unternehmenskommunikation

Leistungsfähige Kommunikation erfordert eine angemessene Infrastruktur. Das betrifft nicht nur die effiziente Organisation des Kommunikationsmanagements mit klaren Zuständigkeiten, Verantwortlichkeiten und definierten Ablauf- und Abstimmungsprozessen. Auch die personelle und die angemessene finanzielle Ausstattung gehören dazu. Wer nämlich ständig mit Engpässen, Budgetknappheit und Personalnot zu kämpfen hat, kann seinem Kommunikationsauftrag nur mit Mühe gerecht werden. Ungünstige Organisations- und Infrastrukturbedingungen erhöhen darüber hinaus die Fehlerquote, wirken sich negativ auf die Mitarbeiter-motivation aus und führen im betriebswirtschaftlichen Sinn zur Ressourceninef-fizienz. Die Infrastruktur sollte auf Basis der Fragen daher regelmäßig analysiert und bewertet werden.

Bitte bewerten Sie nach folgendem Raster
„exzellent" = 10 Punkte
„gut, aber optimierbar" = 5 Punkte
„negativ bzw. unbefriedigend " = 0 Punkte

	Stichworte zum Status quo	Ihre Bewertung 10 Pt / 5 Pt/ 0 Pt
1	Die Kommunikation im Unternehmen bzw. in der Unternehmensgruppe ist insgesamt gut und effizient organisiert.	
2	Aufgaben, Verantwortlichkeiten und Prozessabläufe sind klar und für alle Beteiligten nachvollziehbar geregelt.	
3	Es gibt unternehmensweit verbindliche Steuerungsprinzipien (z. B. Ampelsysteme, festgelegte Informationspflichten etc.), die in der Unternehmenskommunikation, aber auch im Marketing, in der IR-Arbeit und ggf. weiteren Bereichen genutzt werden.	
4	Es gibt spezifische Instrumente für einen reibungslosen Austausch und zur Abstimmung, beispielsweise Strategie-Meetings oder einen Newsroom. Die dort jeweils gültigen Regelungen (z.B. im Newsroom gültige Spielregeln) sind allen bekannt.	
5	Das Kommunikationsmanagement ist mit anderen Unternehmensbereichen gut vernetzt. Die interdisziplinäre und bereichsübergreifende Kooperation funktioniert hervorragend.	
6	Die technische Infrastruktur des internen und externen Kommunikationsauftritts ist angemessen und leistungsfähig (z. B. interne Netzwerke für Kooperation und Austausch, leistungsfähige Kunden-Hotlines, schnelle und sichere PC-Systeme etc.). Das Intranet ist nicht nur Informationsmedium, sondern auch eine unternehmensweite Arbeitsplattform.	
7	Die Mitarbeiterfluktuation ist im Kommunikationsbereich niedriger als im Unternehmen insgesamt.	
8	Organisation und Infrastruktur im Kommunikationsbereich werden von den betroffenen Mitarbeitern selbst insgesamt nicht kritisch betrachtet, sondern positiv bewertet	
9	Die Budgets in der Unternehmenskommunikation sind angemessen (nicht zu knapp/nicht zu üppig). Gesamtbudget und Teilbudgets werden nach klaren Kriterien bedarfsorientiert festgelegt.	
10	Die Personalplanung ist robust. Personelle Engpässe z.B. durch Vakanzen oder Sondersituationen können flexibel ausgeglichen werden (entweder durch eigene Ressourcen, durch Interim Manager oder durch externe Partner). Positionen mit „Leerlauf" gibt es nicht.	
11	Es gibt ein effizientes Agentur-und Dienstleistermanagement. Dies umfasst beispielsweise Standards für die Zusammenarbeit mit externen Partnern. Die Briefingkompetenz im Kommunikationsmanagement zu ist positiv zu bewerten, d.h. Aufträge an externe Partner werden punktgenau formuliert. So wird sichergestellt, dass externe Partner genau den Input bekommen, den sie zur Lösung der jeweiligen Aufgaben benötigen.	
		Summe ______

Gesamtergebnis des Prüfbausteins
110 Punkte= „exzellent"
55-105 Punkte= „gut, aber optimierbar"
0-50 Punkte = „negativ bzw. unbefriedigend"

4.3   Prüfbaustein 3: Voraussetzungen der Unternehmenskommunikation

Auf welcher Grundlage, auf welchem Selbstverständnis und welchen Werten setzt die Kommunikationsarbeit auf und wie werden daraus die Kommunikationsstrategien abgeleitet? Dies gilt es einzuschätzen, um die Voraussetzungen und Ausgangsbedingungen der Kommunikation bewerten zu können. Hier geht es um die Koordinaten, die den Kurs der Kommunikation bestimmen und die zugleich den Korridor beschreiben, innerhalb dessen sich das Kommunikationsmanagement bewegt. Kommunikation ist unverzichtbar und darf niemals beliebig sein. Sie braucht aber eine klare Funktionsbeschreibung (und damit auch ein gemeinsames Kommunikationsverständnis), eine definierte strategische Ausrichtung, definierte Berichtsstränge und als weitere Grundlage eine Einbettung in das Ziel- und Wertesystem des Unternehmens.

Nur wenn auf Basis gemeinsam akzeptierter Werte die Grundlagen unternehmerischen Denkens und Handelns definiert sind, können glaubwürdige Formen der Darstellung und des Auftretens in der Öffentlichkeit entwickelt werden. Sonst sind Widersprüche im Kommunikationsauftritt und Irritationen bei den Adressaten innerhalb der Zielgruppen vorprogrammiert.

Auch beim Prüfbaustein 3 geht es nicht so sehr um Details (das wäre wieder Gegenstand der vertieften qualitativen Analyse, beispielsweise mit Blick auf die Alleinstellung im Wettbewerb). Einzuschätzen ist vielmehr, wie und in welchem Maß sich die Kommunikation des Unternehmens überhaupt an verbindlichen Grundlagen orientiert und welche diese dann im Einzelfall sind.

Bitte bewerten Sie nach folgendem Raster
„**exzellent**" = 10 Punkte
„**gut, aber optimierbar**" = 5 Punkte
„**negativ bzw. unbefriedigend**" = 0Punkte

		Stichworte zum Status quo	Ihre Bewertung 10 Pt / 5 Pt/ 0 Pt
❶	Die Unternehmenskommunikation hat ein klares Profil und ein klares Selbstverständnis. Die Art und Weise der Kommunikation drückt aus, wofür das Unternehmen steht.		
❷	Das Unternehmen hat eine gut vermittelbare Tradition.Wesentliche Elemente der Unternehmensgeschichte kommen im internen und externen Auftritt zum Ausdruck. Die Kommunikationsmanager können darstellen, was das Unternehmen prägt bzw. bisher geprägt hat.		
❸	Im Unternehmen orientieren sich alle an zentralen Unternehmenswerten. Normen, Verpflichtungen, Visionen, Leistungsversprechungen des Unternehmen dienen als Richtschnur im Unternehmensalltag. Sie werden in einem Leitbild beschrieben.		
❹	Wahrnehmung und Vertrauen der relevanten Stakeholder gegenüber dem Unternehmen werden systematisch erhoben. Die dazu notwendigen Informationen zur Selbst- und Fremdeinschätzung sind vorhanden und werden reflektiert.		
❺	Das Unternehmen positioniert sich mit einem klaren Kompetenz-Profil im Wettbewerb. Aus den Kompetenzen können die richtigen Inhalte und Strategien der Kommunikation abgeleitet werden.		
❻	Das Unternehmen hat ein scharfes Reputations-Profil. Worauf es besonders stolz ist, ist kommunizierbar.Es gibt angemessene Maßnahmen, mit denen die Reputation gesichert wird.		
❼	Aufmerksamkeit/öffentliche Wahrnehmung: Das Unternehmen wird seiner Bedeutung entsprechend in der Öffentlichkeit und bei relevanten Stakeholdern angemessen wahrgenommen.		
❽	Es gibt verbindliche Vorgaben des Managements, wie sich das Unternehmen in der Positionierung sowie im Kommunikationsauftritt von den Wettbewerbern differenzieren soll. („Uniqueness")		
		Summe ______	

Gesamtergebnis des Prüfbausteins
80 Punkte= „**exzellent**"
40-75 Punkte= „**gut, aber optimierbar**"
0-35 Punkte = „**negativ bzw. unbefriedigend**"

4.4   Prüfbaustein 4: Stimmigkeit von Unternehmenskommunikation, Unternehmensmarke und Identity Management

In diesem Prüfbaustein geht es um Einheitlichkeit und Stimmigkeit des Auftritts als Unternehmensmarke, die auch Ausdruck von Professionalität und Leistungsfähigkeit sind. Ein einheitlicher Auftritt vermittelt Kompetenz und Stärke. Sämtliche Facetten und Bereiche der Unternehmenskommunikation – online/offline, above und below the line etc. – sollten daher in sich stimmig sein und zum Kern und zu den Leistungsversprechen der Unternehmensmarke passen. In der Praxis wird oft unterschätzt, wie stark aktuelle und künftige Kommunikationserfolge davon abhängen, dass definierte Regeln im Sinne eines einheitlichen und glaubwürdigen Auftritts konsequent eingehalten werden. Hier geht es also darum, den Grad der Stimmigkeit einzuschätzen. In einer umfassenderen qualitativen Analyse könnte dann die Professionalität des Markenauftritts im Vergleich zum Wettbewerb genauer betrachtet werden.

Bitte bewerten Sie nach folgendem Raster
„exzellent" = 10 Punkte
„gut, aber optimierbar" = 5 Punkte
„negativ bzw. unbefriedigend" = 0 Punkte

		Stichworte zum Status quo	Ihre Bewertung 10 Pt / 5 Pt/ 0 Pt
❶	Die Einhaltung leitbildkonformen Verhaltens durch Führungskräfte und Mitarbeiter wird regelmäßig überprüft bzw. aktiv eingefordert (wie geschieht dies in Ihrem Unternehmen?) Das Leitbild wird regelmäßig aktualisiert. Es reflektiert Werte, Leistungs- und Nutzenversprechen des Unternehmens.		
❷	Der Auftritt des Unternehmens ist insgesamt einheitlich und konsistent (online/offline, z.B. Events, Architektur, auch in Werbung und Marketing).		
❸	Der Auftritt des Unternehmens wird von den internen und externen Stakeholdern als professionell und als glaubwürdig wahrgenommen. Widersprüche zwischen Markenversprechen, gelernten Markenwerten und Kommunikationsauftritt gibt es nicht.		
❹	Die Koordinaten der Unternehmensidentität und des visuellen Auftritts sind in einem CI-Manual bzw. einem CD-Manual festgelegt.		
❺	CD-Vorgaben bzw. CI-Grundsätze werden eingehalten.		
❻	Auch Unternehmenssprache, Stil und Aufbereitung der Texte drücken die Corporate Identity aus.		
❼	Das „Corporate Behaviour" (d.h. die Entscheidungen, das Verhalten und der Auftritt von Unternehmensrepräsentanten) sind konform mit den Unternehmenswerten und dem Identitätsprofil. Botschaften, Symbolik und persönliches Auftreten passen zusammen und passen zur Marke. Die tatsächliche Führungskultur ist stimmig zur Unternehmensidentität und zu den Erwartungen der Mitarbeiter.		
❽	Das Unternehmen pflegt eine starke Unternehmenskultur. Es gibt kulturfördernde Maßnahmen. Kulturverändernde Entwicklungen werden gut gemeistert.		
❾	Corporate Marketing: Es gelingt mit vielfältigen, aufeinander abgestimmten Maßnahmen, das Unternehmen als glaubwürdige und leistungsfähige Unternehmensmarke zu profilieren.		
			Summe _______

Gesamtergebnis des Prüfbausteins
90 Punkte = **„exzellent"**
45-85 Punkte = **„gut, aber optimierbar"**
0-40 Punkte = **„negativ bzw. unbefriedigend"**

4.5   Prüfbaustein 5: Kommunikationsziele und -strategien

Folgt die Kommunikation einer langfristigen, strategischen Ausrichtung? Gibt es definierte Kommunikationsziele und -strategien und werden alle Aktivitäten konsequent daran ausgerichtet? Interessant ist auch hier nicht die Detailebene, d. h. Ziele und Strategien für Einzelmaßnahmen, sondern die übergeordnete Betrachtung. In diesem Prüfmodul kommt besonders der betriebswirtschaftliche Anspruch des Kommunikationsmanagements zum Ausdruck, denn nur wenn eine überzeugende kommunikationsstrategische Grundlage gegeben ist, können Kommunikationsaktivitäten wirkungsvoll und betriebswirtschaftlich effizient umgesetzt werden. Neben der klaren Ausrichtung geht es auch um die optimale, passgenaue Einbindung der Kommunikation in andere Unternehmensbereiche, die den Kommunikationsauftritt beeinflussen.

Bitte bewerten Sie nach folgendem Raster
„exzellent" = 10 Punkte
„gut, aber optimierbar" = 5 Punkte
„negativ bzw. unbefriedigend" = 0 Punkte

		Stichworte zum Status quo	Ihre Bewertung 10 Pt / 5 Pt/ 0 Pt
1	Im Management sowie im Kommunikationsbereich gibt es gemeinsame Ansichten darüber, worin der Zweck von Kommunikation gesehen wird. Allen Beteiligten ist klar, was im Sinne des Unternehmens durch Kommunikation geleistet werden soll.		
2	Auf die Frage, welchen Beitrag Kommunikation zur Wertschöpfung im Unternehmen leistet, gibt es klare Antworten. Idealerweise wird ein Wertschöpfungsfaktor festgelegt und ermittelt.		
3	In der Unternehmenskommunikation gibt es eine nachvollziehbare Zweck-Mittel-Beziehung.		
4	Die Kommunikationsmanager sind sich bewusst, an welchen Zielen und Strategien die Unternehmenspolitik ausgerichtet ist und welche Kommunikationsstrategie daraus abzuleiten ist.		
5	Kommunikationsziele werden vom Kommunikationbereich in Abstimmung mit dem Top-Management festgelegt.		
6	Kommunikationsziele sind auch Bestandteil der Unternehmensplanung und des Controllings.		
7	Es wird konseqent nachverfolgt, ob Maßnahmen auch tatsächlich an den vereinbarten Kommunikationszielen ausgerichtet sind.		
8	Sowohl Kommunikationsziele als auch Kommunikationsergebnisse werden regelmäßig geprüft und bewertet. Diese Bewertung stützt sich auf erprobte Verfahren.		
9	Alle Kommunikations- und Informationspflichten werden erfüllt.		
10	Es gibt eine formulierte Kommunikationspolitik (Kommunikationsziele sind Bestandteil und Ausdruck dieser Politik).		
11	Es wird intern klar vermittelt, welche kommunikativen Fehler das Unternehmen nicht machenwill und darf. Top-Manager und Kommunikationsprofis wissen und berücksichtigen das.		
12	Es ist bekannt, in welchen Bereichen der internen/externen Kommunikation und des Marketings die Hauptwettbewerber besonders stark sind und welche Ziele und Strategien sie verfolgen. Auch dies wird im Kommunikationsmanagement konsequent berücksichtigt.		
13	Die Darstellungsformen im Kommunikationsauftritt sind grundsätzlich geeignet, Wertschöpfung zu generieren.		
14	Planungs- und Zielfindungsprozesse der Unternehmenskommunikation sind mit denen des Marketings, des Vertriebs, mit der Personalplanung und mit den Renditeerwartungen des Unternehmens koordiniert.		
			Summe ______

Gesamtergebnis des Prüfbausteins
140 Punkte= „exzellent"
70-135 Punkte= „gut, aber optimierbar"
0-65 Punkte = „negativ bzw. unbefriedigend"

4.6 Prüfbaustein 6: Kommunikationsplanung und Kommunikationscontrolling

Obwohl methodisches Wissen für ein effektives Kommunikationscontrolling heute schon vorliegt, wird selten darauf zurückgegriffen. Innerhalb der Due Diligence besteht die Aufgabe darin, zu sehen, inwieweit die vorhandenen Planungs- und Steuerungsprozesse kompatibel beziehungsweise anschlussfähig sind. Diesen Aspekten umfassend Rechnung zu tragen, erfordert ein neues Kompetenzprofil. Kommunikationsexperten sind in dieser Hinsicht auch als gute Manager in der Pflicht. Selbstverständlich müssen Planung und Steuerung der Kommunikation separat betrachtet werden. Wie man dahin kommt, soll die Due Diligence durch Hinterfragung der gegebenen Situation offenlegen.

Bisher klaffen Anspruch und Realität in diesem Punkt oft weit auseinander. Statt die Ziele der Kommunikation vorab genau festzulegen und den Erfolg der Maßnahmen daran zu messen, beschränken sich viele Unternehmen darauf, die Arbeit auf einzelne Themen- und Handlungsfelder zu konzentrieren, ohne die dazugehörigen Aktivitäten überhaupt genauer zu differenzieren und im Verhältnis zur übergeordneten Unternehmens- und Markenstrategie, zu den Erwartungen der Stakeholder und zur Unternehmensreputation zu betrachten.

Bei der Beurteilung der Kommunikationsplanung und -steuerung sollte man auch darauf achten, wieweit sie in bestehende Controllingsysteme eingebunden ist.

Prüfbaustein 6 bringt als Nebenaspekt den Vorteil mit sich, dass die Unternehmenskommunikation im Prozess der Wertschöpfung insgesamt mehr Beachtung und Wertschätzung findet.

Bitte bewerten Sie nach folgendem Raster
„**exzellent**" = 10 Punkte
„**gut, aber optimierbar**" = 5 Punkte
„**negativ bzw. unbefriedigend**" = 0 Punkte

		Stichworte zum Status quo	Ihre Bewertung 10 Pt / 5 Pt / 0 Pt
❶	Es gibt es einen Kommunikationsplan und eine klar strukturierte Kommunikationsjahresplanung.		
❷	Zwischen Basis-, Service und Highlightmaßnahmen der Kommunikation wird klar differenziert.		
❸	Bei Planungen wird berücksichtigt, welche Kommunikationsziele (lang-, mittel- und kurzfristig) bisher erreicht wurden und welche Ziele nicht erreicht wurden.		
❹	Kommunikationsmaßnahmen werden an (mit dem Top-Management) vereinbarten Erfolgsparametern gemessen. Womit und woran gemessen wird, ob einzelne Kommunikationsleistungen ihren Zweck erfüllen, wird transparent gemacht. Erfolge/Misserfolge werden dokumentiert.		
❺	Durch Kennzahlen oder definierte Kriterien, mit denen die Wirkung und die Kommunikationseffizienz in puncto Output, Outcome, Outflow bewertet werden, wird ein ROI („Return on Investment") ermittelt. So wird deutlich gemacht, wie sich Kommunikationsaufwände auszahlen.		
❻	Information und Kommunikation sind in das betriebswirtschaftliche Controlling integriert und im betrieblichen Rechnungswesen (z. B. Investitionsplanung) verankert. Kommunikationsleistungen werden verbucht. Als Voraussetzung dafür existiert ein Prozessmodell der Kommunikation.		
❼	Es gibt auch für die Kommunikation eine Plankostenrechnung.		
❽	Es herrscht Klarheit im Unternehmen darüber, was überhaupt Kommunikationsleistungen sind.		
❾	Auch für immaterielle Werte gibt es eine Ziel- und Investitionsmittelplanung. Sie werden kategorisiert, bilanziert und publiziert.		
❿	Der unternehmensindividuelle Reputationswert wird einem jährlichen Werthaltigkeitstest unterzogen – ähnlich wie es heute schon für den Geschäfts- und Firmenwert vorgeschrieben ist.		
⓫	Die Umsetzungsqualität im Kommunikationsteam sowie in anderen Teams mit Kommunikationsfunktion in puncto Zeit, Kosten und Qualität ist gut.		
		Summe _______	

Gesamtergebnis des Prüfbausteins
110 Punkte = „**exzellent**"
55-105 Punkte = „**gut, aber optimierbar**"
0-50 Punkte = „**negativ bzw. unbefriedigend**"

4.7   Prüfbaustein 7: Kommunikationschancen und Kommunikationsrisiken

Erfolgreiche Unternehmenskommunikation besteht darin, Kommunikationschancen zu identifizieren und zu nutzen, aber auch Kommunikationsrisiken frühzeitig zu erkennen und entsprechende Maßnahmen zu ergreifen. Kommunikationschancen verstehen wir hier als Potenzial, mithilfe passender Instrumente Kommunikationsziele zugunsten eines starken, unverwechselbaren Unternehmensprofils zu erreichen, Stakeholderbeziehungen zu festigen und die Unternehmensreputation zu stärken.

Vor allem die Bedeutung der Kommunikationsrisiken bzw. der Reputationsrisiken für den Unternehmenserfolg wird oft unterschätzt. Selbst viele große Konzerne haben kein leistungsfähiges Risikomanagement, das auch Kommunikations- und Reputationsrisiken im Blick behält. Kommunikation ist per se risikobehaftet, obwohl es keine eigenständige Risikoart darstellt, sondern als sogenanntes Folgerisiko charakterisiert wird. Außerdem tritt das Reputationsrisiko – neben Sachrisiken – immer häufiger als ein Schadenrisiko auf, wie etliche prominente Anschauungsbeispiele bedeutender Konzerne in den letzten Jahren gezeigt haben. Nicht überall wird das Reputationsrisiko als eigene Risikoart in den Risikoberichten aufgeführt und bewertet – zum eigenen Nachteil. Dort, wo dies nicht der Fall ist, sollten Kommunikationsverantwortliche das Thema selbst in die Hand nehmen. Wichtig ist vor allem, sich präventiv mit Schubladen-Szenarien auf Reputationsrisiken vorzubereiten.

Kommunikationsrisiken resultieren aus anderen Risikoarten wie etwa kriminellen Handlungen und falscher Kommunikation danach (man erinnere sich an die berühmte „Salamitaktik" in Krisen). Kommunikationsrisiken können aber auch durch fehlerhafte Darstellungen, einen situativ unpassenden Kommunikationsstil oder auch durch unterlassene Kommunikation entstehen. Folgen sind u. a. eine (oft lang anhaltende) Beschädigung der Reputation mit spürbaren Effekten auf die weitere Geschäftsentwicklung und möglicherweise auch Konsequenzen an den Kapitalmärkten.

Zur besseren Überschaubarkeit betrachten wir Chancen und Risiken im Rahmen dieses Prüfmoduls getrennt, nehmen aber eine Gesamteinschätzung für beide Seiten vor.

Bitte bewerten Sie nach folgendem Raster
„exzellent" = 10 Punkte
„gut, aber optimierbar" = 5 Punkte
„negativ bzw. unbefriedigend" = 0 Punkte

Teil 1: Detaifragen zu Kommunikationchancen	Stichworte zum Status quo	Ihre Bewertung 10 Pt / 5 Pt/ 0 Pt
❶ Unternehmens- und branchenspezifische Aspekte werden im Themen- und Issue Management grundsätzlich konsequent berücksichtigt.		
❷ Relevante Themen und Ereignisse, attraktive Zukunftsthemen oder in besonderer Weise profil- relevante Themen werden frühzeitig identifiziert. Hierzu gibt es einen etablierten Mechanismus, der verhindert, dass das Unternehmen von Themen oder Ereignissen „überrollt" wird.		
❸ Die Frage, welche Themenfelder/Reputationstreiber für das Unternehmen besonders wichtig sind, prägt die Kommunikationsarbeit		
❹ In einigen Themenfeldern kann sich das Unternehmen in Abgrenzung zum Wettbewerb besonders gut profilieren – und die eigenen Botschaften bzw. den eigenen Anspruch beispielsweise mit besonderen Highlightmaßnahmen vermitteln. In einigen Themenfeldern hat das Unternehmen sogar Thought Leadership erreicht oder strebt sie an.		
❺ Die Einbindung relevanter Personen in die einzelnen Themenfelder (z.B. die Experten der Fachbereiche) ist gewährleistet.		
❻ Es gelingt gut, relevante Themen und Entwicklungen auch im Unternehmen zu erklären und Mitarbeiter/Führungskräfte für die Bedeutung einzelner Themen zu sensibilisieren.		
❼ Der hierfür notwendige interne Wissens- und Erfahrungsaustausch wird gefördert.		
Teil 2: Detaifragen zu Kommunikationsrisiken	Stichworte zum Status quo	Ihre Bewertung 10 Pt / 5 Pt/ 0 Pt
❽ Es gibt bedeutende (unvermeidbare) Themen/Botschaften des Unternehmens, die schwer vermittelbar sind und negative Auswirkungen auf die Reputation haben können.		
❾ Das Kommunikationsmanagement kennt diese Themen und kann unbequeme Botschaften gut vermitteln.		
❿ Das Unternehmen hat ein wirksames Issue Management eingerichtet als Frühwarnsystem für kommunikative Risiken.		
⓫ Information und Kommunikation sind Bestandteil des Risikomanagements und des Compliance-Managements.		
⓬ Es wird nach nach gesetzlichen Risiken (z. B. in der Finanzkommunikation) und strafrechtlichen Risiken unterschieden.		
⓭ Auskunfts-/Berichtspflichten sind bestimmten Personen zugeordnet, die sich darum kümmern.		
⓮ Zur Risikovorsorge exisitieren im Unternehmen „Schubladen-Konzepte", wie auf Gerüchte, Erpressung u. a. kriminelle Handlungen und im Falles eines unfriendly takeover etc. reagiert wird, um Schaden abzuwenden. So wird die Eskalation zu Krisen verhindert.		
⓯ Dazu gehören auch vorbereitete Instrumente (z. B. Darksites), die bei vorhersehbaren Krisenfällen rasch eingesetzt werden können und zur Deeskalation beitragen.		
⓰ Es gibt ein System mit Plänen und Maßnahmen zur Krisen- und Risikokommunikation (klassische und Online-Medien), dessen Funktionsfähigkeit trainiert und geprüft wird.		

Summe _______

Gesamtergebnis des Prüfbausteins
160 Punkte=„exzellent"
80-155Punkte= „gut, aber optimierbar"
0-75Punkte =„negativ bzw. unbefriedigend"

4.8   Prüfbaustein 8: Stakeholderkommunikation und Stakeholdermanagement intern/extern

Jeder, der kommuniziert, sollte sich vor allem ein gründliches Bild von demjenigen machen, an den er sich wenden will. Denn letztlich hängt der Erfolg von Kommunikation nicht von dem ab, was übermittelt wird, sondern von dem, was im Empfänger geschieht. Wer mit seinen Botschaften und Anliegen nachhaltig Gehör finden will, braucht vor allem stabile und tragfähige Beziehungen zu den internen und externen Stakeholdern. Sie zu sichern und weiterzuentwickeln, ist jedoch durch die ständig wachsende Informationsflut und die zunehmende Kommunikationsintensität viel schwieriger geworden. Insbesondere in den digitalen Medien ist der Aufbau vertrauensvoller Stakeholderbeziehungen eine große Herausforderung. Noch immer verstehen sich viele Unternehmen eher als „Sender" von Botschaften und nicht als Kommunikationspartner. Daher wird in diesem Prüfbaustein das vielerorts nicht systematisch und konsequent betriebene Stakeholdermanagement hinterfragt. Der Fokus liegt dabei auf der Orientierung der internen und externen Kommunikationsmaßnahmen an den Erwartungen und Bedürfnissen der Stakeholder.

In vielen Unternehmen ist eine einseitige Fokussierung auf einzelne Zielgruppen und Stakeholder festzustellen. So wird beispielsweise der Medienarbeit und den Beziehungen zu Journalisten oft mehr Aufmerksamkeit gewidmet als den Beziehungen und der angemessenen Kommunikation mit den Mitarbeitern. Zu berücksichtigen sind aber externe Stakeholder wie Kunden, Medien, spezielle Interessengruppen, Multiplikatoren in Wirtschaft und Gesellschaft, Geschäftspartner etc. und interne Stakeholder wie Mitarbeiter, Führungskräfte oder Aufsichtsgremien in gleicher Weise. Deswegen liegt der Wert dieses Prüfbausteins in der ganzheitlichen Betrachtung aller Kommunikationspartner.

Bitte bewerten Sie nach folgendem Raster
„exzellent" = 10 Punkte
„gut, aber optimierbar" = 5 Punkte
„negativ bzw. unbefriedigend" = 0 Punkte

		Stichworte zum Status quo	Ihre Bewertung 10 Pt / 5 Pt / 0 Pt
➊	Die **internen** Stakeholderbeziehungen sind tragfähig und belastbar.		
➋	Bedarf und Erwartungen der **internen** Stakeholder werden im Rahmen einer Stakeholderanalyse kontinuierlich und systematisch erfasst.		
➌	Aus der Stakeholderanalyse werden Konsequenzen und Anforderungen abgeleitet. Es ist bekannt, welche Themen und Anliegen bei den **internen** Stakeholdern im Vordergrund stehen.		
➍	Auf dieser Basis werden bedarfsorientierte Maßnahmen der **internen** Stakeholderkommunikation umgesetzt. Sie prägen / beeinflussen den Kommunikationsauftritt des Unternehmens.		
➎	Die Maßnahmen der **internen** Stakeholderkommunikation zahlen auf die definierten Kommunikationsziele ein, werden von den Stakeholdern positiv wahrgenommen und erzielen eine spürbare Wirkung.		
➏	Mit guter Kommunikation stärkt das Unternehmen auch die Beziehungen zu den **externen** Stakeholdern (u. a. Geschäftspartner, Personen aus Medien, Politik, NGO, Wirtschaft etc.).		
➐	Die **externen** Stakeholderbeziehungen sind insgesamt tragfähig und belastbar.		
➑	Bedarf und Erwartungen der **externen** Stakeholder werden ebenfalls im Rahmen einer Stakeholderanalyse kontinuierlich und systematisch erfasst.		
➒	Daraus werden ebenfalls Konsequenzen und Anforderungen abgeleitet. Es ist bekannt, welche Themen und Anliegen bei den **externen** Stakeholdern im Vordergrund stehen.		
➓	Auf dieser Basis werden bedarfsorientierte Maßnahmen der **externen** Stakeholderkommunikation umgesetzt. Sie werden von den Stakeholdern positiv wahrgenommen.		
			Summe _______

Gesamtergebnis des Prüfbausteins
100 Punkte = **„exzellent"**
50-95 Punkte = **„gut, aber optimierbar"**
0-45 Punkte = **„negativ bzw. unbefriedigend"**

4.9   Prüfbaustein 9: Stil und inhaltliche Qualität der Kommunikation

Das Kommunikationsverhalten prägt den Unternehmensstil. Um identisch handeln zu können, müssen Stil- und Verhaltensfragen sowie weitere Formen der Selbstrepräsentation des Unternehmens geklärt sein. Wer bin ich? Was bin ich? Welche Werte sind mir wichtig? Wie will ich gesehen werden? Jede Organisation hat spezifische Eigentümlichkeiten beziehungsweise Charaktermerkmale, woran man sie erkennt. Für Stil- und Formfragen, die überwiegend symbolisch vermittelt werden, gilt das Prinzip der Selbstähnlichkeit. Das heißt: Jedes Teil repräsentiert die Eigenschaften des gesamten Systems. Deswegen kann zum Beispiel ein falsches Wort zur falschen Zeit, ein falscher Zungenschlag, ein bestimmtes Verhalten von Managern die öffentliche Wahrnehmung des gesamten Unternehmens wesentlich beeinflussen. Das Kommunikationsverhalten ist insofern auch Ausdruck eines gelebten Wertesystems. Wo es an Stilbewusstsein mangelt, fehlt oft mehr. Dann fehlt zum Beispiel oft das Bewusstsein für die Tradition und den Markenkern des Unternehmens, für seine Identität und für den Leistungs- und Wertbeitrag, den die Kunden und andere Stakeholder erwarten.

Trotzdem werden Kommunikationsbeziehungen in der Praxis häufig durch Fehler im Stil und im Umgang mit Kommunikationspartnern beschädigt, meist mit nachhaltiger Wirkung. Im Konzept der Due Diligence wird hinterfragt, inwieweit die Unternehmenskommunikation darauf vorbereitet ist und über entsprechende Kompetenzen verfügt, um Stil- und Formfragen in allen gebräuchlichen Formen kontrolliert zu verfolgen.

Dabei geht es um die Konsistenz des Stils und um die inhaltliche Qualität über alle Kommunikationsaktivitäten hinweg, aber auch um die Passgenauigkeit im Vergleich zum definierten Anspruch und den Zielen im Kommunikationsmanagement. Wenn bei der Analyse mündlicher und schriftlicher Kommunikation Defizite sichtbar werden, muss nach Wegen gesucht werden, die bestehenden Kommunikationspraktiken zu modifizieren oder gegebenenfalls neue Kommunikationsformen zu entwickeln.

Auch die Haltung, mit der die Akteure gegenüber ihren Kommunikationspartnern auftreten und die sich in den verschiedenen Kommunikationsprojekten und -maßnahmen widerspiegelt, sollte in die Betrachtungen einfließen.

Wenn man die Fragen dieses Prüfbausteins reflektiert, hat das übrigens noch einen weiteren Effekt: Sie enthalten implizit Anregungen für ein besseres Briefing von Kommunikationsleistungen. Erfolgreiche Unternehmenskommunikation bedeutet nämlich auch, Stil und inhaltliche Substanz klar zu definieren und nicht dem Zufall zu überlassen.

Bitte bewerten Sie nach folgendem Raster
„exzellent" = 10 Punkte
„gut, aber optimierbar" = 5 Punkte
„negativ bzw. unbefriedigend" = 0 Punkte

		Stichworte zum Status quo	Ihre Bewertung 10 Pt / 5 Pt / 0 Pt
1	Man bemüht sich um einen angenehmen, kollegialen und partnerschaftlichen «Umgangston» im Unternehmen.		
2	Die Verständigungsbereitschaft sowohl unternehmensintern als auch bei den relevanten externen Kommunikationspartnern ist hoch.		
3	Ziele und Inhalt des Unternehmenskonzepts werden in Sprache und Texten angemessen abgebildet („Die Unternehmensstory/Markenstory/Produktstory kommt rüber").		
4	Der Auftritt ist konsistent; zwischen oder innerhalb der Beiträge gibt es keine Widersprüche.		
5	Zwischen Worten und Taten gibt es keinen Widerspruch. Manager und Mitarbeiter handeln in Übereinstimmung mit dem, was das Unternehmen kommuniziert. Auch zwischen Gesagtem und Gemeintem gibt es keine Abweichungen.		
6	Das Glaubwürdigkeitsprinzip wird eingehalten (siehe unter www.glaubwuerdigkeitsprinzip.de)		
7	Geistige Linien sind erkennbar (Schemata, Metaphern, Perspektiven) und geben dem Aufftritt sein Gepräge.		
8	Die Sprache ist über alle Kommunikationsinstrumente hinweg klar; mögliche Missverständnisse werden ausgeräumt. Botschaften der Unternehmenskommunikation sind in der Praxis „anschluss- fähig" (Erfahrung, Logik, interne Praxis etc.).		
9	Die sprachlich-kommunikative Qualität der Selbstdarstellung ist hoch.		
10	Authentizität und Originalität sind Kennzeichen der Unternehmensprache und der Inhalte.		
11	Das Menschenbild, an dem sich die Unternehmenskommunikation orientiert (Bild des Kunden, des Mitarbeiters etc.), wird regelmäßig geprüft.		

Summe _______

Gesamtergebnis des Prüfbausteins
110 Punkte = **„exzellent"**
55-105 Punkte = **„gut, aber optimierbar"**
0-50 Punkte = **„negativ bzw. unbefriedigend"**

4.10   Prüfbaustein 10: Resilienz und Robustheit in kritischen Situationen

Kritische Situationen, hervorgerufen durch Krisen, tief greifende Veränderungsprogramme (z. B. im Change oder bei Restrukturierungen) oder auch in besonders komplexen Großprojekten, gehören zum Unternehmensalltag. Trotzdem sind Unternehmen oft nicht optimal darauf vorbereitet, diese Situationen unbeschadet und erfolgreich zu bestehen. Dabei beweisen sich die Leistungsfähigkeit und die Flexibilität des Kommunikationsmanagements genau dann – jenseits der sogenannten „Komfortzone". Reaktionszeiten werden heute (nicht nur in Krisen) immer kürzer, die Auswirkungen von Fehlern und Schwächen im Management kritischer Situationen werden durch die enge globale Vernetzung immer größer und die Verwundbarkeit von Unternehmen steigt entsprechend. Kurz gesagt: Unternehmenskommunikation muss heute nicht nur gut sein, sondern auch sicher und belastbar.

Daher ist dieser letzte Baustein der Due Diligence von besonderer unternehmensstrategischer Bedeutung. Die Unternehmenskommunikation muss außergewöhnliche Belastungen jederzeit aushalten und leistungsfähig bleiben – und zwar neben dem laufenden Tagesgeschäft. Diese Fähigkeit ist Ausweis einer besonderen Managementkompetenz im Kommunikationsgeschäft.

Bitte bewerten Sie nach folgendem Raster
„**exzellent**" = 10 Punkte
„**gut, aber optimierbar**" = 5 Punkte
„**negativ bzw. unbefriedigend**" = 0 Punkte

		Stichworte zum Status quo	Ihre Bewertung 10 Pt / 5 Pt / 0 Pt
1	Das Unternehmen/die Kommunikation kann Sondersituationen aushalten und gestalten. Das gilt für Krisen, Engpässe, aber auch positive Situationen mit besonders hohem Kommunikationsbedarf (Neuausrichtung, Fusion etc.) gleichermaßen. Vorbereitete Lösungen (definierte Prozesse und kurzfristig abrufbare Ressourcen) sichern den Handlungsspielraum von Management und Kommunikation.		
2	Es gibt innovative Lösungen, die die Leistungsfähigkeit der Kommunikation generell sicherstellen (z. B. der Einsatz von Interim Managern). Die Kommunikationsmanager setzen sich mit veränderten Anforderungen oft und intensiv auseinander.		
3	Vorgehen und kommunikative Abläufe in herausfordernden Situationen werden trainiert. Daneben gibt es besondere Lieferanten- oder Dienstleisterverträge, um in Sondersituationen kommunikative Spielräume zu sichern.		
4	Stresstests werden regelmäßig durchgeführt.		
5	Es gibt Maßnahmen, die besonders darauf abzielen, eine starke Unternehmenskultur und eine hohe Motivation und Bindung der Mitarbeiter zu unterstützen.		
6	Die Kommunikationsleitung hat eine klare Einschätzung, wie belastungsfähig die Mitarbeiter im Kommunikationsteam sind. Sie stellt sicher, das diese körperlich und mental die Herausforderungen im dynamischen Kommunikationsgeschäft bewältigen können.		
7	Im Unternehmen gibt es über das Risikomanagement und durch das konsequente Monitoring von unternehmensrelevanten Themen und Ereignissen hinaus eine besondere Sensibilität für das, was das Unternehmen verwundbar macht.		
			Summe ______

Gesamtergebnis des Prüfbausteins
70 Punkte = „**exzellent**"
35-65 Punkte = „**gut, aber optimierbar**"
0-30 Punkte = „**negativ bzw. unbefriedigend**"

4.11 Gesamteinschätzung: Reifegrad und Profil Ihrer Kommunikation auf einen Blick

Notieren Sie jetzt die Gesamteinschätzungen der einzelnen Prüfbausteine anhand der Punktebewertungen in der Übersichtstabelle. Sie sehen dann auf einen Blick den aktuellen Reifegrad Ihrer Kommunikation gemäß Ihrer eigenen Einschätzung.

	Bitte tragen Sie hier die Gesamtergebnisse der Prüfbausteine ein: „exzellent", „gut, aber optimierbar" oder „negativ bzw. unbefriedigend"
Prüfbaustein 1: Kommunikationsfähigkeit der handelnden Personen	
Prüfbaustein 2: Infrastruktur der Unternehmenskommunikation	
Prüfbaustein 3: Voraussetzungen der Unternehmenskommunikation	
Prüfbaustein 4: Stimmigkeit von Unternehmenskommunikation, Unternehmensmarke und Identity Management	
Prüfbaustein 5: Kommunikationsziele und Kommunikationsstrategien	
Prüfbaustein 6: Kommunikationsplanung und Kommunikationscontrolling	
Prüfbaustein 7: Kommunikationschancen und Kommunikationsrisiken	
Prüfbaustein 8: Stakeholderkommunikation und Stakeholdermanagement	
Prüfbaustein 9: Stil und inhaltliche Qualität der Kommunikation	
Prüfbaustein 10: Resilienz und Robustheit in kritischen Situationen	

Impulse für die Kommunikationsarbeit 5

Wie können Sie die Erkenntnisse der Due Diligence für Ihre Kommunikationsarbeit konkret nutzen?

Due Diligence in der Kommunikation ist eine gute Basis für fortlaufende Verbesserungen. Sie erkennen bei der knapp verdichteten, fundierten Gesamtbetrachtung der Ergebnisse spezifische Lücken und Schwachstellen, aber auch die Bereiche, in denen die Kommunikation besonders gut aufgestellt ist. Auf Defizite können Sie sofort reagieren und laufen nicht Gefahr, dass andere davon erfahren und es zu Ihrem Nachteil ausnutzen.

Sie behalten den Überblick über die Effizienz der eingesetzten Ressourcen und können gegebenenfalls Mittel anders einsetzen.

Sie können zudem besser einschätzen, ob die im Kommunikationsteam vorhandenen Talente und Fähigkeiten den Anforderungen entsprechen, und daraus Konsequenzen ziehen. So fällt es Ihnen leichter, Änderungen gut begründet herbeizuführen, etwa wenn Kompetenzzuordnungen oder Verantwortlichkeiten nicht klar beziehungsweise nicht zielführend definiert sind. Sie können aber auch einschätzen, wie Sie möglicherweise die Kommunikationsfähigkeiten von Führungskräften weiterentwickeln oder deren Weiterentwicklung fördern können.

Sie erkennen Wertsteigerungsmöglichkeiten durch gute Kommunikation.

Die Due Diligence ermöglicht es Ihnen außerdem, über den Kommunikationsbereich jederzeit auskunfts- und berichtsfähig zu sein. Da wegen des zunehmenden Kosten- und Leistungsdrucks alle Unternehmensbereiche immer häufiger ihre Strategien, Maßnahmen und die eingesetzten Ressourcen rechtfertigen müssen, bedeutet dies einen wichtigen internen Vorteil. Als verantwortliche Kommunikationsmanager gewinnen Sie Argumente, um Ihre innerbetriebliche Position zu stärken, und können so den für Ihre Kommunikationsarbeit notwendigen Handlungsspielraum sichern beziehungsweise ausbauen.

© Springer Fachmedien Wiesbaden GmbH 2017   35
W. Griepentrog und M. Piwinger, *Due Diligence in der Unternehmenskommunikation*, essentials, DOI 10.1007/978-3-658-15896-5_5

Die ermittelten Fakten und Einschätzungen lassen sich auch mit anderen Ansätzen und Instrumenten des Kommunikationscontrollings verbinden, was wiederum die Qualität und Flexibilität im Kommunikationsmanagement steigern kann.

Wir empfehlen, die Due Diligence als Standard für die Qualitätsprüfung und als Teil eines kontinuierlichen Verbesserungsprozesses der Unternehmenskommunikation zu verstehen. Eine regelmäßige Bestandsaufnahme wäre wünschenswert, zumindest aber sollte man bei den eingangs erwähnten Anlässen das Due-Diligence-Verfahren nutzen. Damit wird die Leistungsfähigkeit und Modernität des Kommunikationsauftritts sichergestellt.

Es lohnt sich generell, den Fragenkatalog zum Anlass und zum Gegenstand eigener Reflexion zu machen, ihn aber auch im Unternehmen (vor allem im Kommunikationsteam) zu erörtern. Ohne Zweifel können sich daraus spannende und erkenntnisreiche Diskussionen entwickeln.

Literatur

Biel, Alfred, und Manfred Piwinger. 2011. Kommunikationsfähigkeit. In *Kommunikations-management (Losebl. 201 ff. Art.-Nr. 8.51)*, Hrsg. Günter Bentele, Manfred Piwinger, und Gregor Schönborn. Köln: Luchterhand.

Buchele, Mark-Steffen, Rainer Pollmann, und Walter Schmidt. 2016. *Kommunikationscontrolling*. Freiburg: Haufe-Lexware.

Ebert, Helmut, und Manfred Piwinger. 2015. Wie die "Seele" eines Unternehmens ihren Ausdruck findet. In *Kommunikationsmanagement (Losebl. 2001 ff. Art.-Nr. 3.111)*, Hrsg. Günter Bentele, Manfred Piwinger, und Gregor Schönborn. Köln: Luchterhand.

Griepentrog, Wolfgang. 2010. *Das Glaubwürdigkeitsprinzip. Vorbild Ehrbarer Kaufmann – ein Ratgeber für erfolgreiche Kommunikation*. Leichlingen: epubli GmbH.

Griepentrog, Wolfgang. 2012a. Wie die Neuausrichtung der Unternehmenskommunikation gelingt: Anregungen zur Weichenstellung für mehr Effizienz und Glaubwürdigkeit. In Wolfgang Griepentrogs Blog «Glaubwürdig kommunizieren». (www.glaubwuerdig-keitsprinzip.de). Leichlingen, 20. Apr. 2012.

Griepentrog, Wolfgang. 2012b. *Glaubwürdig kommunizieren – Praxisbeiträge zum Glaub-würdigkeitsprinzip*. Leichlingen: epubli GmbH.

Griepentrog, Wolfgang 2014. Kommunikation im CEO-Wechsel: Wie man kulturelle Risi-ken bei Veränderungen im Top-Management vermeidet. In Wolfgang Griepentrogs Blog «Glaubwürdig kommunizieren». (www.glaubwuerdigkeitsprinzip.de). Leichlingen, 22. Sept. 2014.

Griepentrog, Wolfgang. 2015a. Stresstest für die Unternehmenskommunikation: Besser-werden als Leitprinzip. In Wolfgang Griepentrogs Blog «Glaubwürdig kommunizie-ren». (www.glaubwuerdigkeitsprinzip.de). Leichlingen, 12. Jan. 2015.

Griepentrog, Wolfgang. 2015b. Basis einer neuen Kommunikationskultur: Wie wir Silos im Kommunikationsmanagement vermeiden. In Wolfgang Griepentrogs Blog «Glaubwür-dig kommunizieren». (www.glaubwuerdigkeitsprinzip.de). Leichlingen, 30. Juli 2015.

Griepentrog, Wolfgang. 2015c. Wie man Veränderungen in der Kommunikation umsetzt: 7 Etappen führen zur erfolgreichen Neuausrichtung. In Wolfgang Griepentrogs Blog «Glaubwürdig kommunizieren». (www.glaubwuerdigkeitsprinzip.de). Leichlingen, 31. Aug. 2015.

Griepentrog, Wolfgang. 2015d. Wenn Leitbilder unglaubwürdig machen. In *UmweltDialog*, 3. Aufl, Hrsg. Elmar Lenzen, 25–29. Münster: Macondo Publishing.

© Springer Fachmedien Wiesbaden GmbH 2017
W. Griepentrog und M. Piwinger, *Due Diligence in der Unternehmenskommunikation*, essentials, DOI 10.1007/978-3-658-15896-5

Griepentrog, Wolfgang, und Manfred Piwinger. 2015. Due Diligence. Audit zur Überprüfung der Kommunikationsfähigkeit und Kommunikationseffizienz in Unternehmen. In *Kommunikationsmanagement (Losebl. 2001 ff. Art-Nr. 4.44.)*, Hrsg. Günter Bentele, Manfred Piwinger, und Gregor Schönborn. Köln: Luchterhand.

Möller, Klaus, Manfred Piwinger, und Ansgar Zerfaß Hrsg. 2009. *Immaterielle Vermögenswerte. Bewertung, Berichterstattung und Kommunikation.* Stuttgart: Schäffer Poeschel.

Piwinger, Manfred. 2014. Das Reputationsrisiko: Herausforderungen und Bedeutung für die Unternehmensführung. In *Handbuch Unternehmenskommunikation*, 2. Aufl, Hrsg. Ansgar Zerfaß und Manfred Piwinger, 307–327. Wiesbaden: Gabler.

Zerfaß, Ansgar, und Manfred Piwinger. 2014. Unternehmenskommunikation als Werttreiber und Erfolgsfaktor. In *Handbuch Unternehmenskommunikation*, 2. Aufl, Hrsg. Ansgar Zerfaß und Manfred Piwinger. Wiesbaden: Gabler.

Piwinger, Manfred. 2015 Über Reputationsrisiko berichten. Center for Corporate Reporting. *The Reporting Times* 2015 (07): 21.

Piwinger, Manfred, und Victor Porak Hrsg. 2015. *Kommunikations-Controlling. Kommunikation und Information quantifizieren und finanziell gewerten.* Wiesbaden: Gabler.